國家圖書館
特藏珍品

乾隆御製稿本 西清硯譜

〔第二十一册—第二十二册〕

上海書畫出版社

第二十一册

欽定西清硯譜目錄

○第二十一册

○石之屬

○○、舊龍尾石日月疊壁硯 方壺勝境

○○舊歙溪金星玉堂硯

○○、舊歙溪石函魚藻硯

○○、舊歙溪蒼玉硯 景福宮

欽定西清硯譜

舊龍尾石日月叠璧硯正面圖

繪圖十分之七

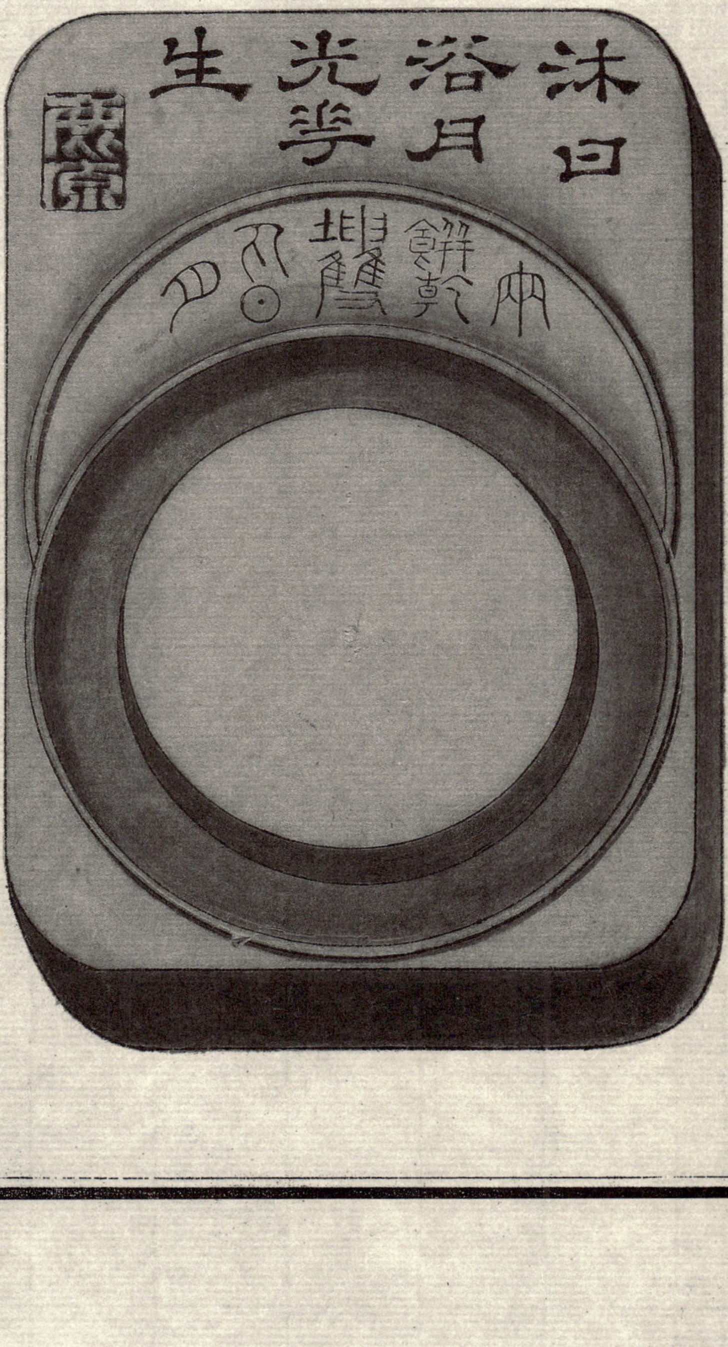

舊龍尾石日月疊璧硯側面圖

如月之恒如日之升 恒齋瑛

舊溪龍尾
既琢既追
面背受墨
左右胥宜
合璧其章
雙丸日月
蹟紀石帆
寶雲異說
珎此龍賓
盍簪其来
律以廉讓
吾斯愧哉
乾隆戊戌
御銘

馬融尚書注太極上元十一月朔日月如疊璧五余於戊辰十一月朔登鷹窠頂擬觀合璧先一夕夢中得見日月如合璧三日琢是硯以志異康讓識

受墨周環墨池而上方較深廣中鐫日月會於龍
尾六字後有識語十九字末有戊子三月香泉六
字欵俱行書上方側面鐫
御題銘一首楷書鈐寶二曰古香曰太璞匣盖並鐫是
銘隸書鈐寶二曰比德曰朗潤又鐫藏精於晦則
明養神以静則安晦所以畜用静所以應動善畜
者不竭善應者無窮此君子修身治人之術四十
一字後有戊子清明歐陽公晦明説為廉讓書疊

諸人詩集蓋三才製為此硯奕禧革題識之耳

御製舊龍尾石日月疊璧硯銘

舊溪龍尾既琢既追面背受墨左右胥宜合璧其章雙

九日月蹟紀石帆寶雲異說珍此龍賓盍簪其来律以

廉讓吾斯愧哉

曹三才識語　馬融尚書注太極上元十一月朔

日月如疊璧五余於戊辰十月朔登鷹窠頂擬觀

合璧先一夕夢中得見日月如合璧三因琢是硯

以志異

舊歙溪金星石玉堂硯正面圖 繪圖十分之五

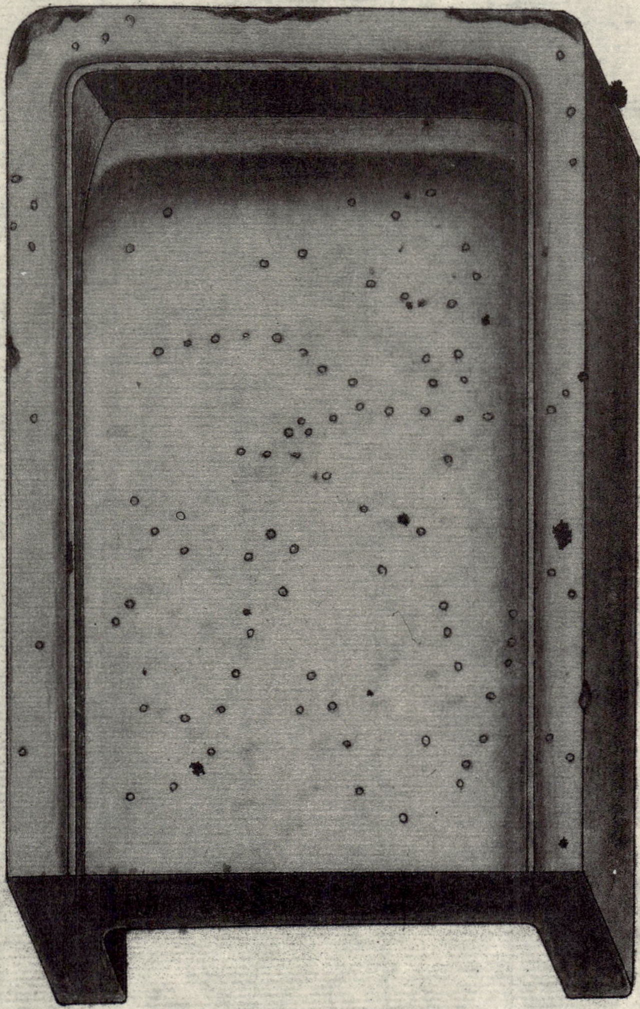

舊歙溪金星石玉堂硯側面圖

金其星
玉堂其
式凡幾
百年墨
鏞沈寄
語拈毫
製詞者
爾音毋
似有遐
心乾隆
戊戌夏
御題

御製題舊歙溪金星石玉堂硯

金其星玉堂其式凡幾百年墨鏽沈寄語拈毫製詞者

爾音毋似有遐心

舊歙溪石函魚藻硯蓋外面圖

舊歙溪石函魚藻硯正面圖

二十字

舊歙溪石函魚藻硯側面圖

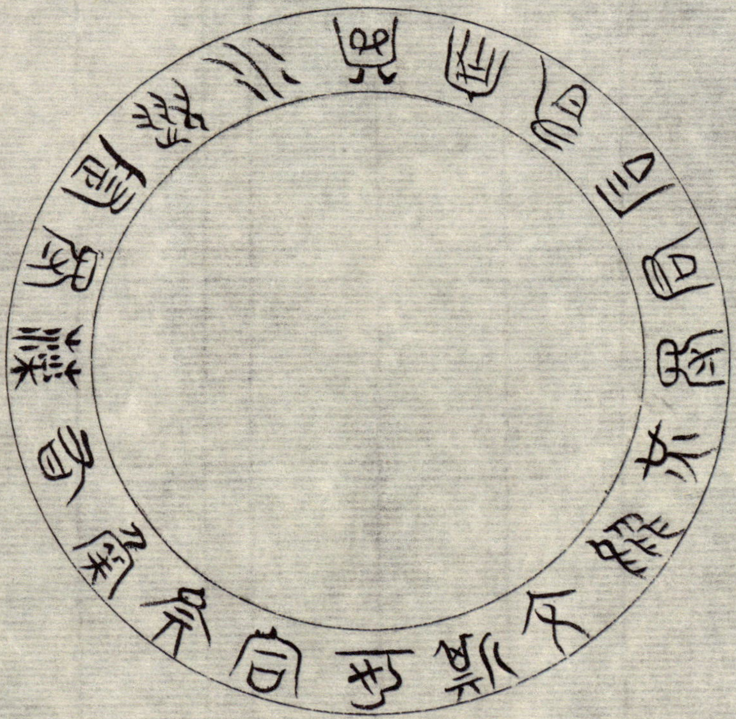

十一

御製題舊歙溪石凾魚藻硯

分原為二合成一無縫天衣有樂魚宵雅設徵桑扈什

禹之所惡敢忘諸

陳家瑪瑙趙家石春渚稱奇載紀聞未肯𡈼中還置水

恐防躍去泊之瀆

舊歙石溪蒼玉硯正面圖

繪圖十分之八

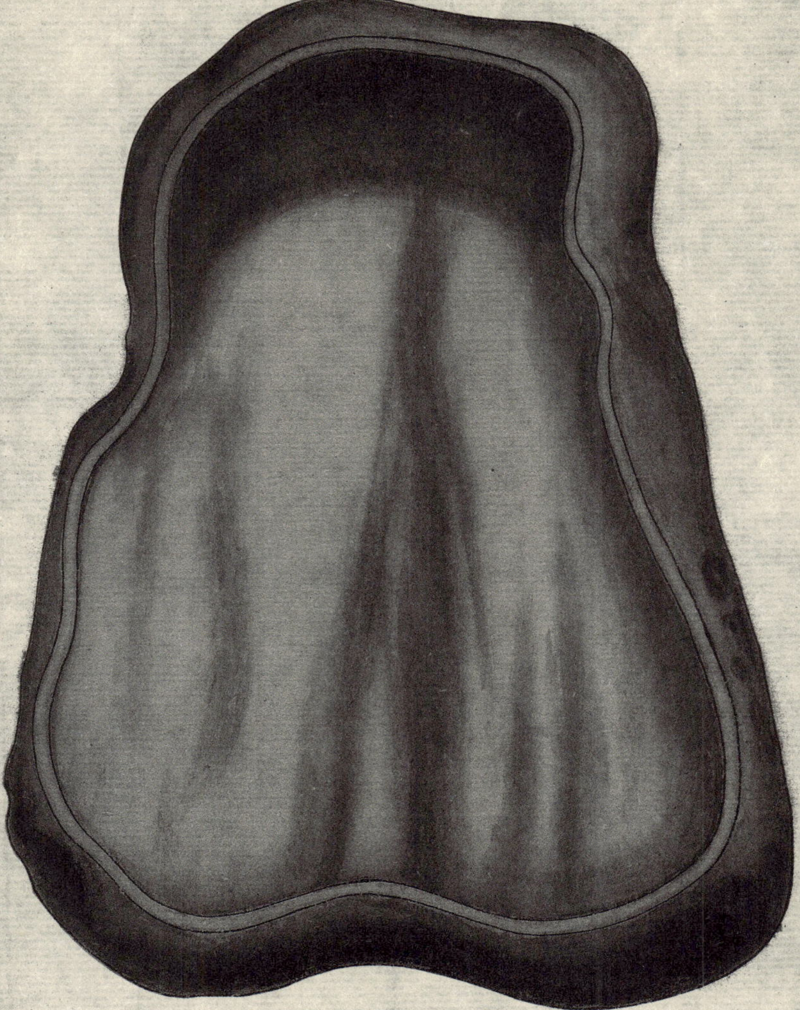

十三

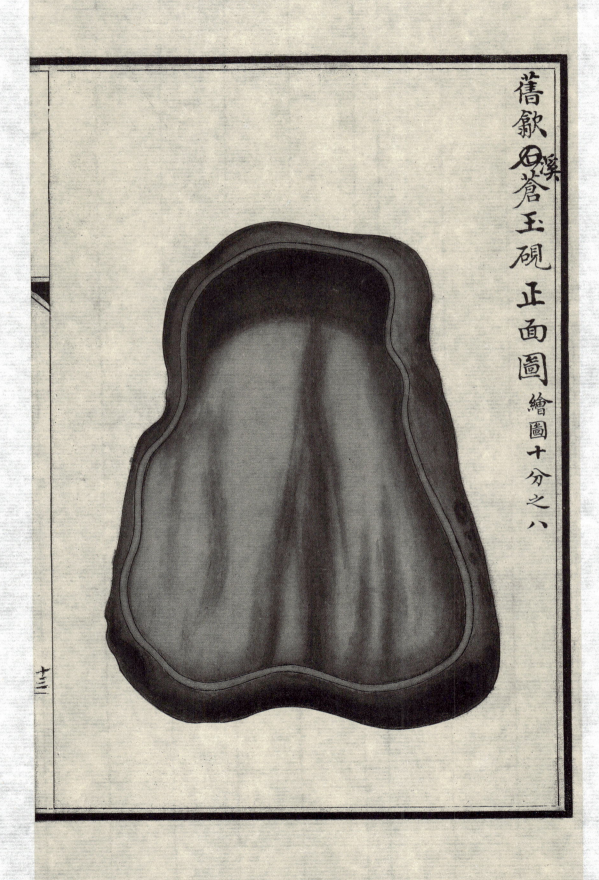

舊歙~~西~~溪蒼玉硯側面圖

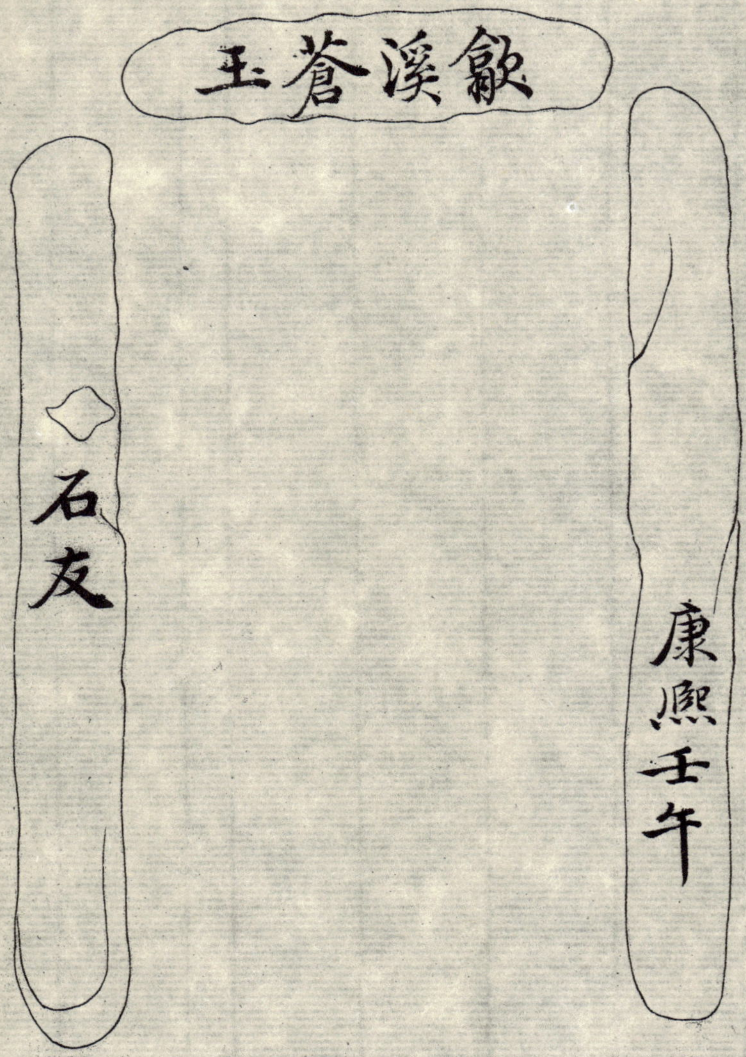

御題銘一首隸書鈐寶一曰幾暇怡情上鐫白岳分雲

四字篆書

年寫

御製題舊歙石溪蒼玉硯銘

觀文含星抱質守黑黃海之松同生其宅曰維眉壽在

棐几之側

金廷對銘　歙石貴純黑尤貴唐開而宋盡矣蘊

○蓄數百年而此為拔萃水中隱隱者山水繪耶

○乾時顯顯者星月退耶其磨厲我之八石烟也

○又不知幾何歲矣

舊洮石黄標硯正面圖

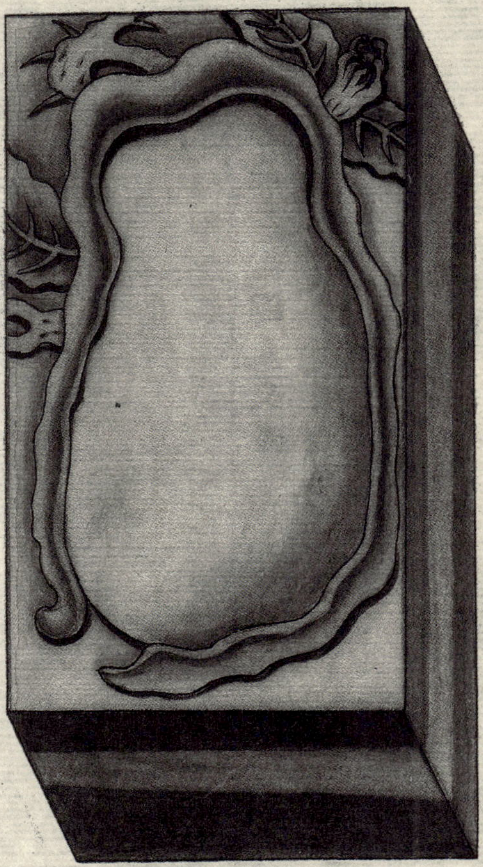

舊洮石黃標硯側面圖

此臨洮綠石之黃標也標有淺浮於面者多若斯深色沉厚者少古硯銘有曰黃玉硯殆即見是等温如蒸栗故呼為王耶因宝之特載贊於左　周愓

燦黃香于須弥兮掌管城之萬頃含綠藻於崐崗兮挹西江之千波拈兮笑兮嗅兮磨兮清心禪夢需指招予

本朝康熙年間由翰林改官知縣是硯曾經收藏堪
備譜中逸品

御製舊洮石黄標硯銘

臨洮綠石有黄其標似松花玉珍以年遥比之舊端郊寒臯瘦聃備一品圖左史右

惠周惕識語并贊　此臨洮綠石之黄標也標有淺浮於面者多若斯深色沉厚者少古硯銘有曰黄玉硯殆即見是等温如蒸栗故呼為玉耶因寶之特載贊於左　燦黄香于須彌兮掌管城之萬頃含綠蘂于崐岡兮掬西江之千波拈兮笑兮嗅

舊䕶村石玉堂硯正面圖

繪圖十分之八

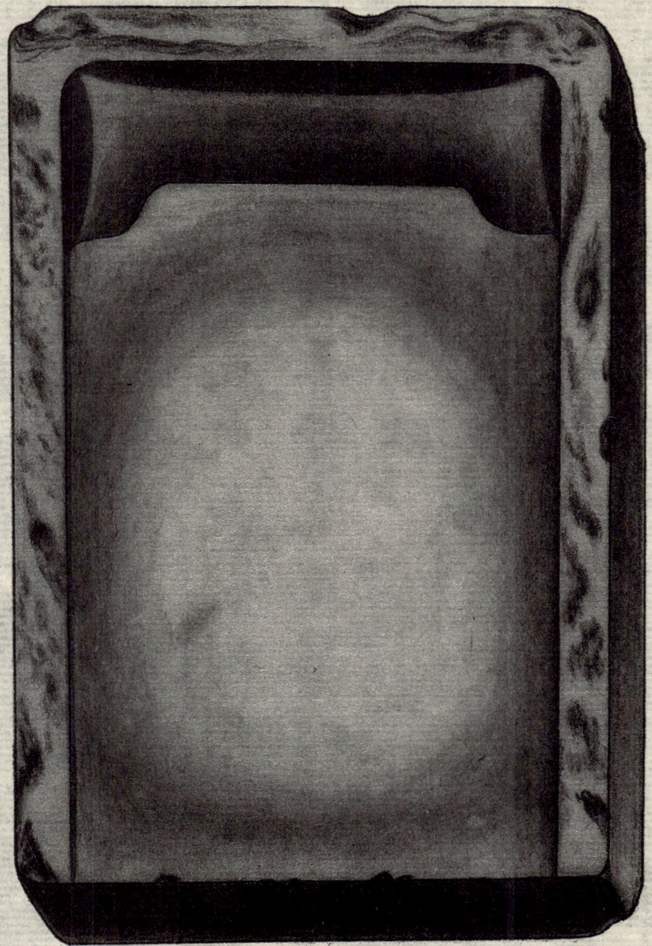

舊蘼村石玉堂硯說

硯高五寸一分寬三寸五分厚五分舊坑蘼村石

也質細而潤扣之作木聲有似端溪之老坑石製

為玉堂式面背四周俱有剥蝕如未經磨礱者然

墨鏽深裹堅如膠漆覆手鐫

御題詩一首楷書鈐寶二曰幾暇怡情曰得佳趣匣蓋

並鐫是詩隸書鈐寶一曰德充符

二十二

御製題舊䕶村石玉堂硯

剥蝕漫嬿體不全成形物豈久長堅何年用者玉堂客

至署可過八影磚

舊蘿村石蘭亭硯正面圖 繪圖十分之五

朱彝尊井田硯正面圖

繪圖十分之八

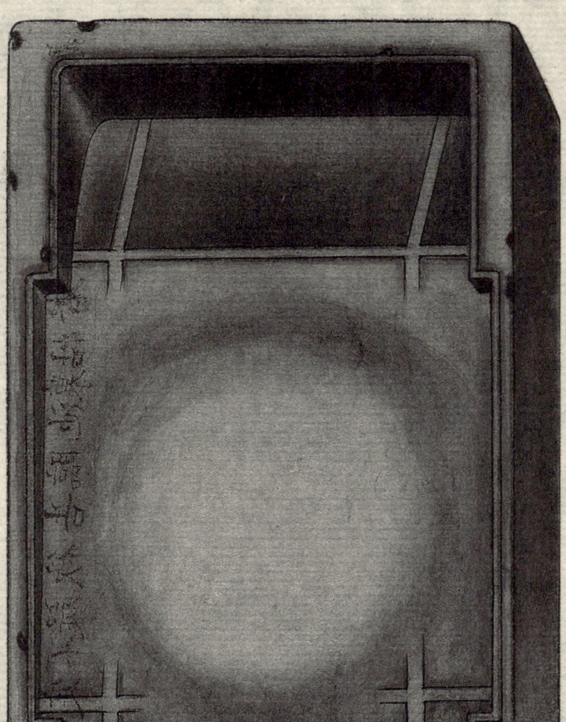

朱彝尊井田硯下方側面圖

曝書亭裏考經義井字硯田磨欲平自是伊人思復古可知復古實難行
戊戌夏
御題

本朝康熙年間試博學鴻詞授檢討所著述有經義
考及曝書亭集等甚夥集中亦載是銘

御製題朱彝尊井田硯

曝書亭裏考經義井字硯田磨欲平自是伊人思復古可知復古實難行

朱彝尊銘 井爾井田爾田宜豐年

第二十二册

欽定西清硯譜目錄 卷二十二

第二十二冊

附錄

松花石雙鳳硯

松花石甘瓜石函硯

松花石壺盧硯

松花石翠雲硯 乾清宮

松花石蟠螭硯

松花石雙鳳硯說

硯高五寸三分許寬三寸五分厚五分松花石為之橫理綠色如蕉葉初展碧潤可愛上方刻鳳凰一窪下為墨池右為鳳雛一相向受墨處正平覆手鐫

聖祖仁皇帝御製識語十八字楷書鈐寶二一雙龍圓璽

上下乾坤二卦中曰體元主人一曰萬幾餘暇謹案松花石出混同江邊砥石山綠色光潤細膩品

皇上曾經御用有欵識者恭採六方繪圖著説冠於硯
譜之首用以照耀萬古云

三

聖祖仁皇帝御製松花石雙鳳硯識語

壽古而質潤色緑而聲清起墨益毫故其寶也

松花石甘瓜石函硯蓋外面圖

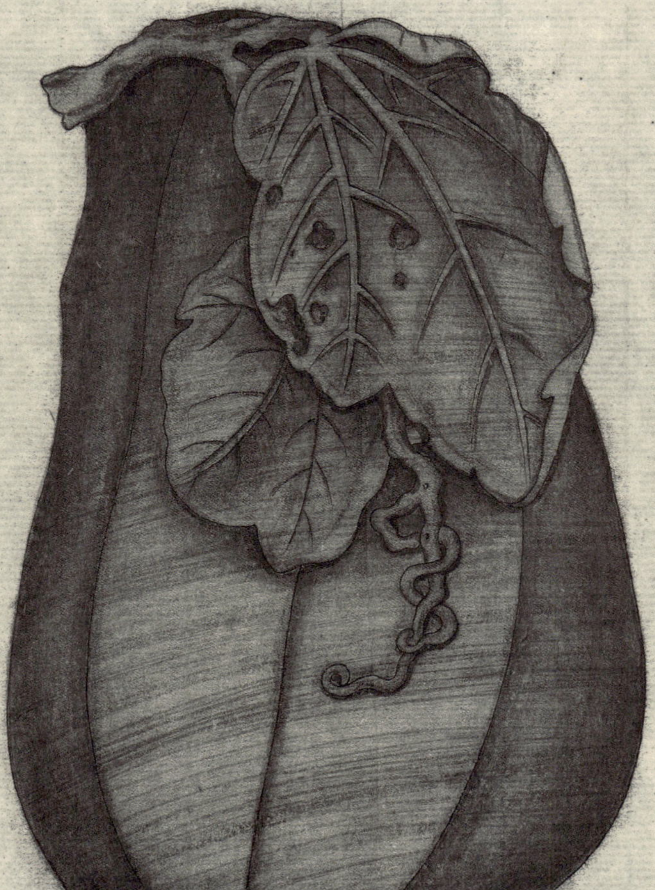

五

松花石甘瓜石函硯正面圖

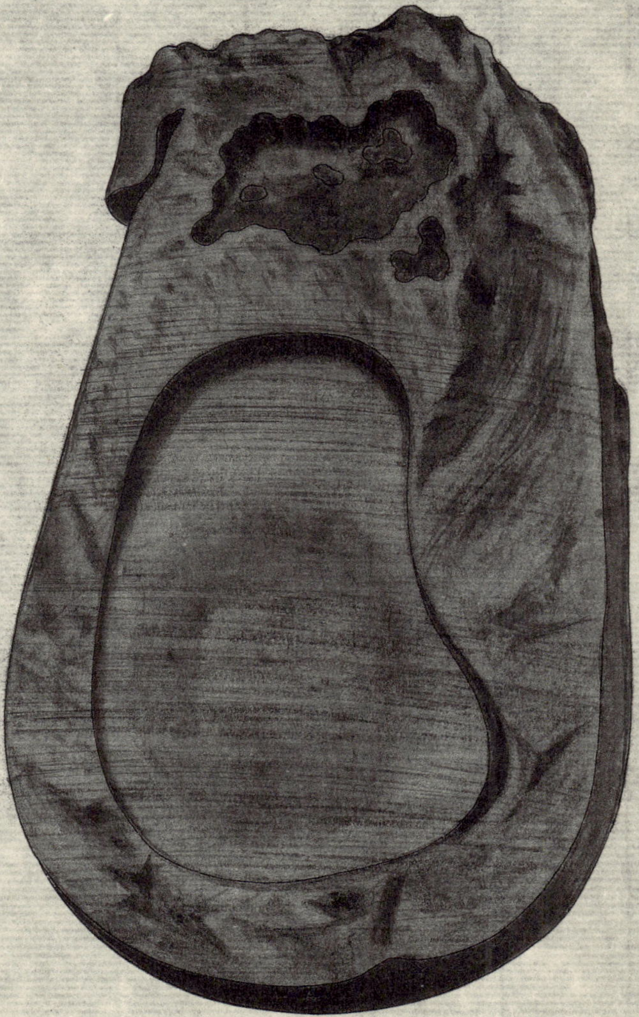

松花石甘瓜石函硯說

硯高四寸三分下寬二寸八分而上微斂厚一寸二分松花石為之硯體橢圓作甘瓜形八棱上方左刻為瓜蒂鬚葉下垂葉有虫蛀痕宛轉生動底蓋相應中剖為二天然合縫蓋裏稍光而穹起硯面正平受墨處不出光以起墨上方墨池為虫蝕痕天然屈曲硯背右方鐫康熙年製四字篆書謹案

松花石壺盧硯正面圖 繪圖十分之八

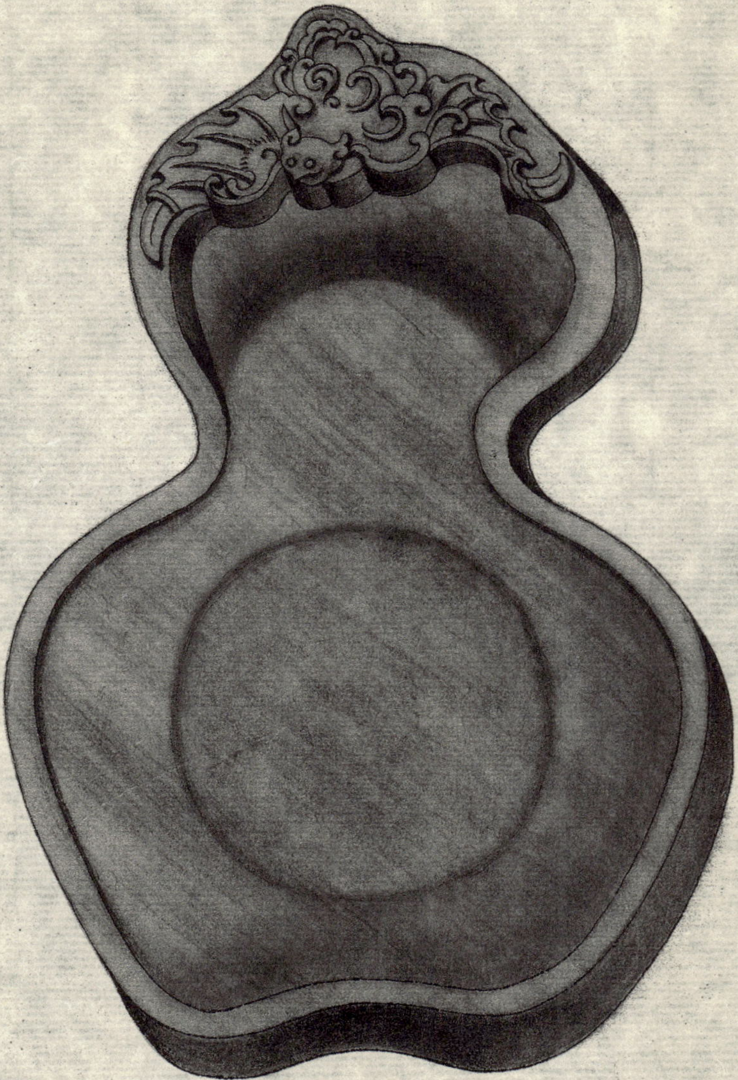

松花石壺盧硯說

硯高五寸七分上寬二寸五分下寬四寸厚五分

壺盧式松花石為之下寬處為硯面上為墨池刻

蝙蝠一覆之如飲墨狀覆手鐫

世宗憲皇帝御題銘一首隸書鈐寶一曰雍正年製

九

世宗憲皇帝御製松花石壺廬硯銘

以靜為用是以永年

松花石翠雲硯正面圖 繪圖十分之五

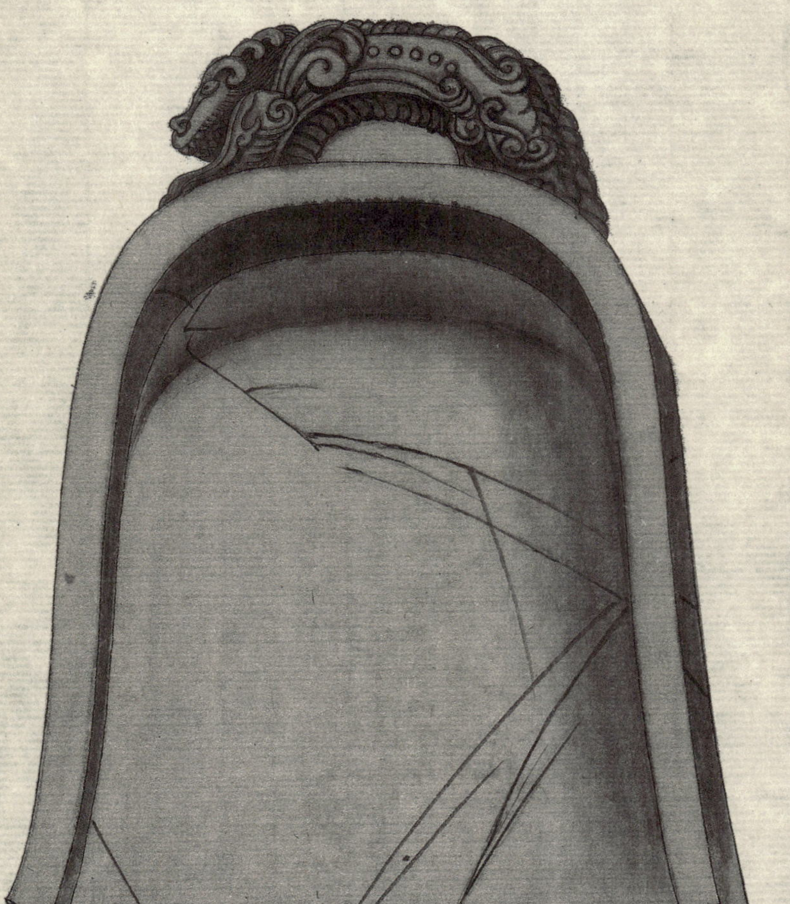

松花石翠雲硯說

硯為鐘形通細高九寸上寬三寸九分下寬六寸四分厚一寸四分松花石為之受墨處綠如翠羽墨池作偃月形池底及硯面俱淡黃色硯首刻作蒲牢形左向為細側面四周俱綠黃色相間覆手從上削下兩跗離几六~~寸~~分許色黃綠相錯如松皮紋上鐫翠雲硯三字隸書中鐫

上在潛邸時所題詩一首楷書鈐寶二曰會心不遠曰

十二

御製題松花石翠雲硯

松花江水西北来，揺波鼓浪殷其雷。波汊浪捲灘石出，高低列翠如雲堆。蜀相八陣此其種，江間水流石不動。日月臨照晶光華，波濤濯洗如璧珙。長刀槎枒繩脩蛇，刀割繩縛出灘沙。他山之石為之礪，氈包車載數千里。遠自關東来至此，横理庚庚緑玉篸。長方片片清秋水，爰命玉人施好手。質堅不受相攻剖，磨礲幾許硯乃成。貯以檀匣陳左右，龍尾鳳咮且姑置。銅雀舊瓦今何有

十三

松花石蟠螭硯蓋外面圖

繪圖十分之七

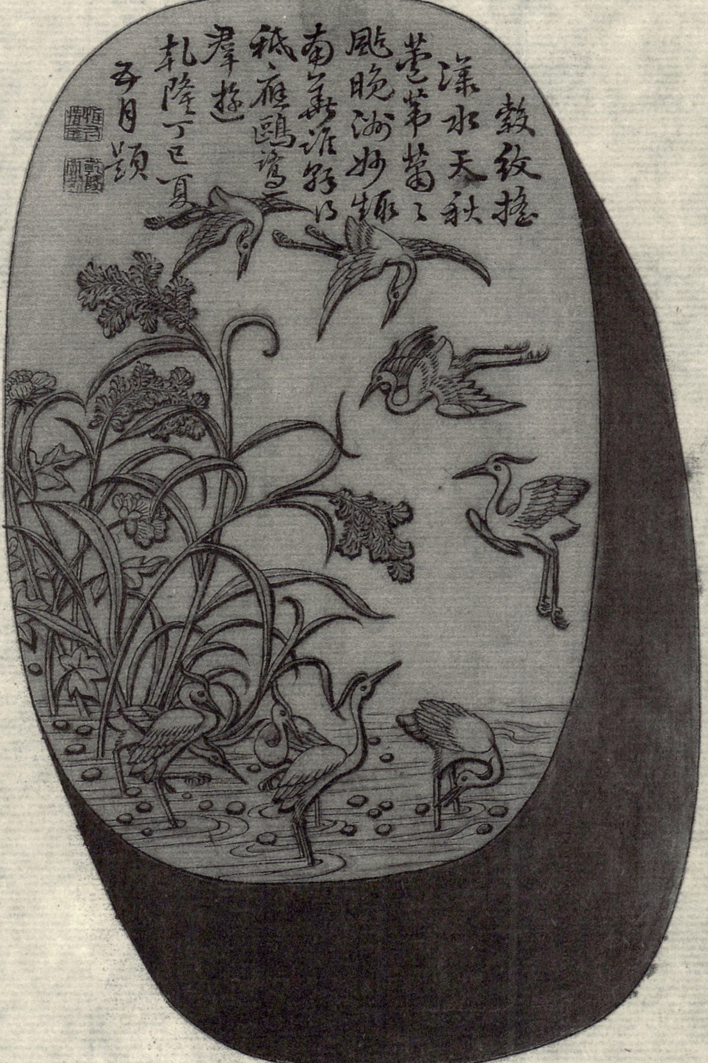

松花石蟠螭硯正面圖

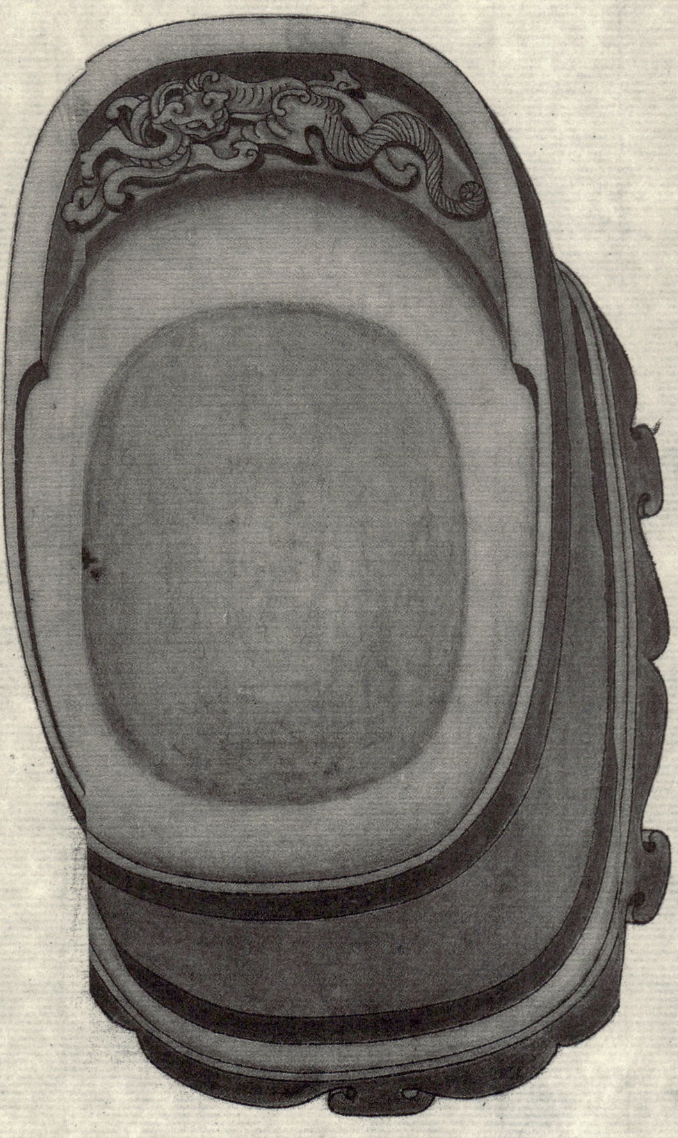

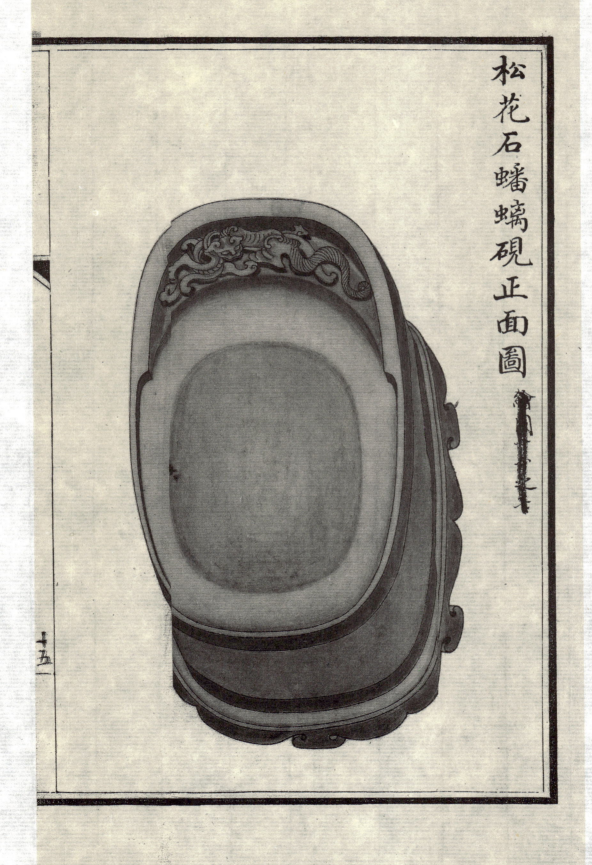

松花石蟠螭硯説

硯高五寸四分寬三寸五分連座厚一寸七分松花石為之橢圓式硯面色黄如蒸栗墨池中卧蟠螭一池深四分許池底淡碧色側面周界淡碧色石脉一道下連座出硯二分許離几五分許周刻卧蟠文座底刻三龍戲珠雲氣縈繞中鐫圓寶一曰乾隆清玩方寶一曰奉三無私匣盖亦松花石為之淡碧色面刻蘆汀蓉渚蘋藻交横鷺鷥九飛

御製松花石蟠螭硯銘

出天漢勝玉英琢為研純粹精勑幾摛藻屢省成

御製題蘆洲白鷺畫幅詩

縠紋摇漾水天秋蘆葦蕭蕭颭晚洲妙趣南華誰解得

祇應鷗鷺一羣遊

十七

松花石河圖洛書硯蓋外面圖

繪圖十分之七

松花石河圖洛書硯背面圖

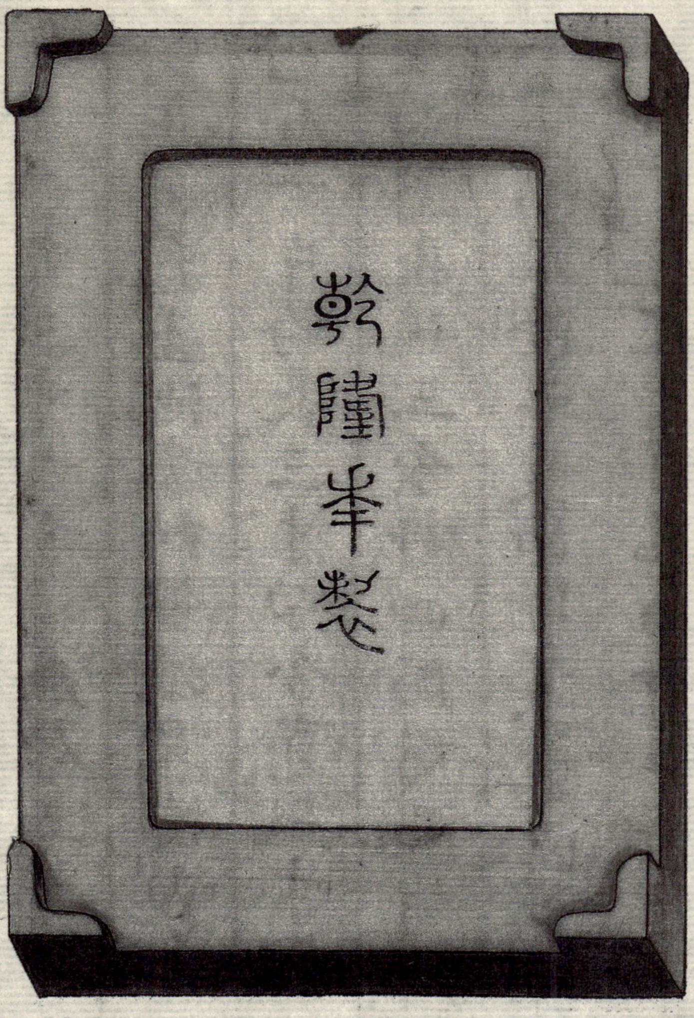

二皆黄色

二十

澄泥硃硯正面圖

澄泥硃硯説

硯高二寸三分許寬二寸許厚三分澄泥黄色潤如蒸栗受墨處正平墨池為偃月形邊周起線四角稍圓而棱内入覆手深分許中鐫

御題銘一首楷書鈐寶一曰朗潤

二十二

御製澄泥砞硯銘

點周易難研理批奏章慎臧否遺與摛詞餘事耳然而無不慙乎爾

澄泥墨硯正面圖

二十四

澄泥墨硯說

硯尺度體製並與硃硯同覆手鐫

御題銘一首楷書鈐寳一曰朗潤謹案硃墨二硯並貯

文具格中

上披閱封章

發揮天藻

乙夜行厨常侍

翰席雲

御製澄泥墨硯銘

絳縣得材偶倣古餘製二硯硯匣貯臨池五合之一助

逮憶蘇言意則憮

宋哥窰蟾蜍硯正面圖

繪圖十分之八

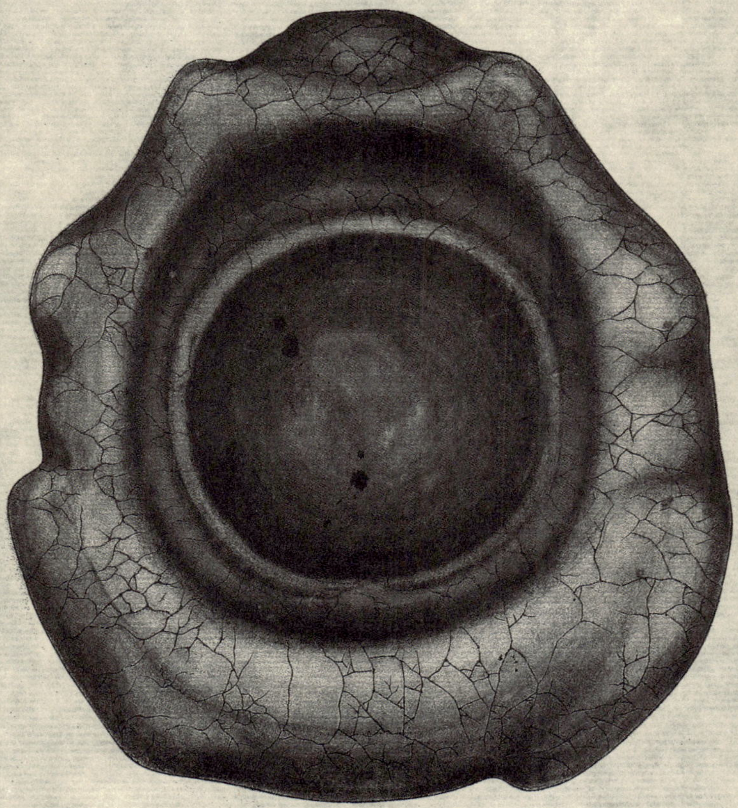

宋哥窯蟾蜍硯説

硯爲蟾蜍形高四寸四分許寬三寸七分許厚一寸一分宋哥窯製釉文氷裂胎質紫黝蟾背無釉爲受墨處上方爲墨池周側隱起如股脚結曲形蟾腹爲覆手深五分許中鐫永壽二字篆書周鐫

御題詩一首楷書鈐寶一曰德充符匣蓋内並鐫是詩鈐寶二曰會心不遠曰德充符考磁硯古今硯譜皆未著録惟宋米芾硯史稱杭州龍華寺收梁傅

御製題宋哥窰蟾蜍硯

書滴曾聞漢廣川翻然為硯永其年若論生一陶成物自合揮毫興湧泉

二十九

舊烏玉硯正面圖

繪圖十分之六

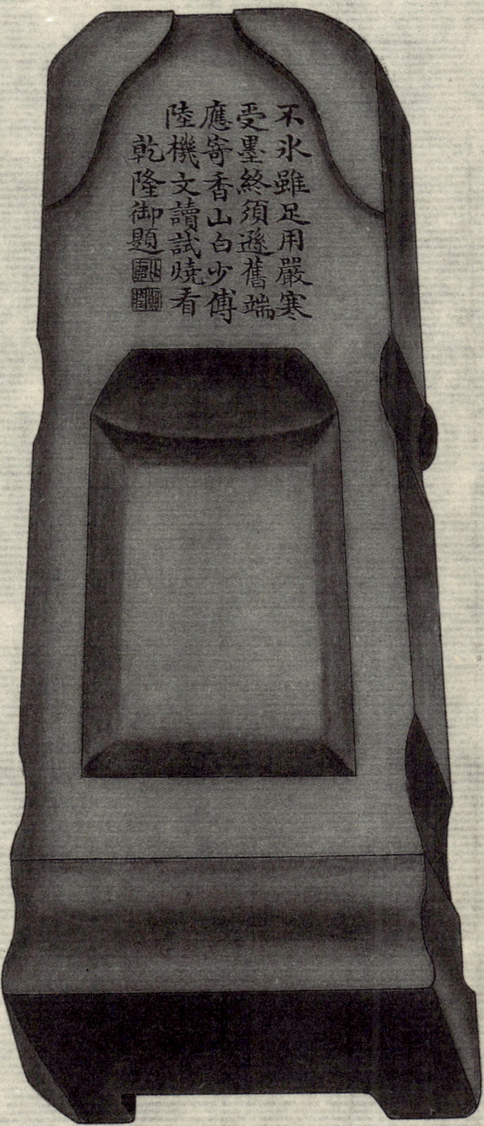

三十

舊烏玉硯說

硯為琴式高七寸四分尾寬二寸五分首寬三寸二分烏玉色純黑扣之聲璆然中為受墨處微窪墨池深三分許上鐫

御題詩一首楷書鈐寶二曰比德曰朗潤覆手制如琴腹上琢鳳池中龍池兩池之間高起為鳳足二所以承琴龍池上鐫太古二字左右鐫烏玉墨硯四字俱篆書下琢為軫池池側高起皀掌二所以護

御製題舊烏玉硯

不冰雖足用嚴寒受墨終須遜舊端應寄香山白少傅
陸機文讀試焼看

欽定西清硯譜

舊洮石黄標硯 咸福宫

舊蘀村石玉堂硯 懋勤殿

舊蘀村石蘭亭硯 賞皇八子

朱彝尊井田硯 弘德殿

舊龍尾石日月疊璧硯背面圖

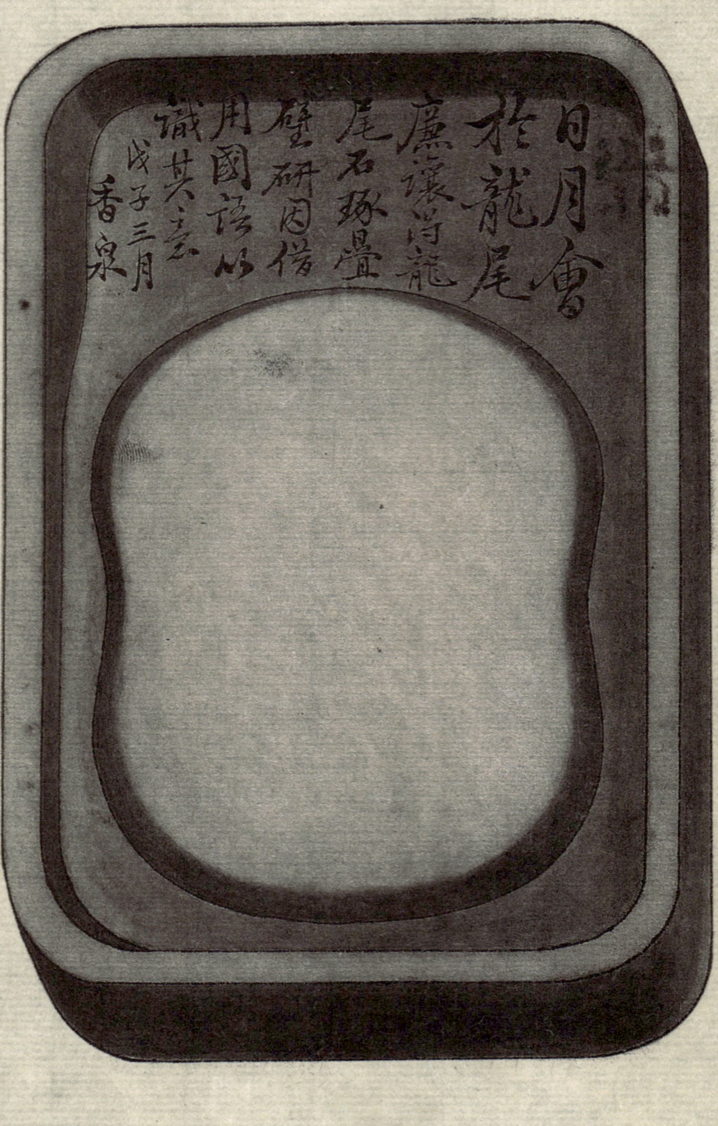

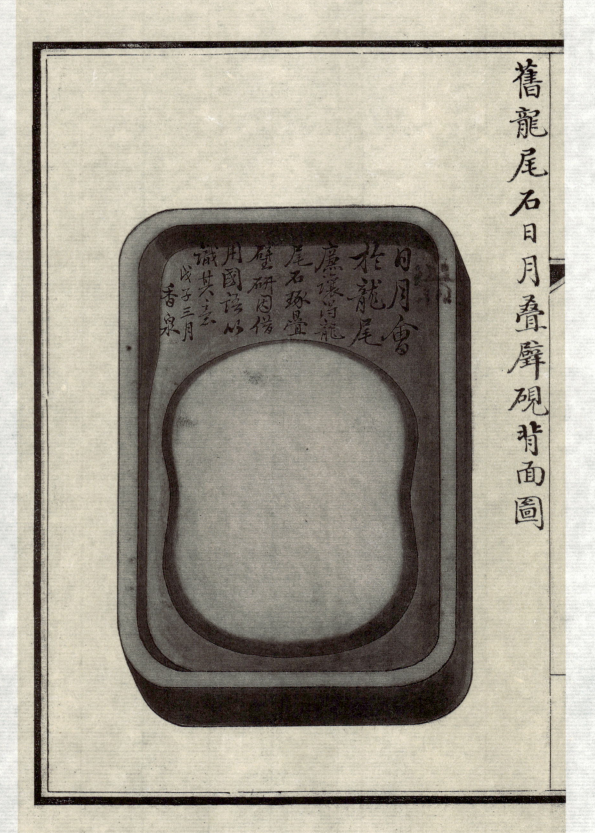

舊龍尾石日月疊壁硯説

硯高六寸三分寬四寸許厚七分許舊歙溪龍尾石也琢為日月合璧形受墨處外環石渠為墨池上隱偃月中鐫兩餅乾坤雙丸日月八字篆書上方鐫沐日浴月光華生七字隸書旁有鹿原二字長方印一左側鐫識語五十四字下署廉讓識三字款俱楷書右側鐫如月之恒如日之升八字隸書下署恒齋瑛三字款行書覆手亦為合璧形可

辟硯陳奕禧二十字款俱行書匣底內鐫天為蓋地為軫善用道者終無盡十三字後有汲冢書廉讓識於疊辟硯函款十一字亦俱行書考林佶號鹿原福建人陳奕禧號香泉曹三才號廉讓曹曰瑛號恒齋俱浙江人皆

本朝康熙年間人佶工古隸奕禧工行草曰瑛工分書有名於時鷹窠頂在浙江海盐縣雲岫山相傳十月朔日月同度登絕頂觀之如合辟見查慎行

陳奕禧識語 廉讓得龍尾石琢疊壁硯因借用
國語以識其意

舊歙溪金星石玉堂硯背面圖

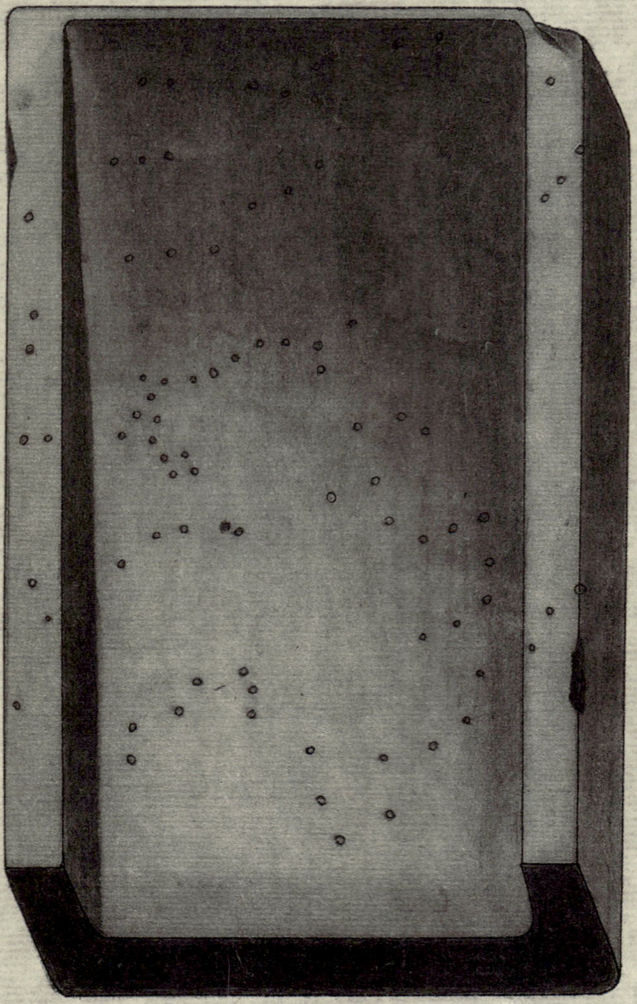

舊歙溪金星石玉堂硯説

硯高八寸寬五寸一分厚一寸三分許歙溪老坑金星石也製為玉堂式色黝而澤徧體金星密布硯面微有駁蝕墨池深廣墨鏽濃厚覆手自上削下兩跗離几九分許上方側面鐫

御題詩一首楷書鈐寶一曰會心不遠匣蓋並鐫是詩隸書鈐寶一曰乾隆宸翰

舊歙溪石函魚藻硯蓋内面圖

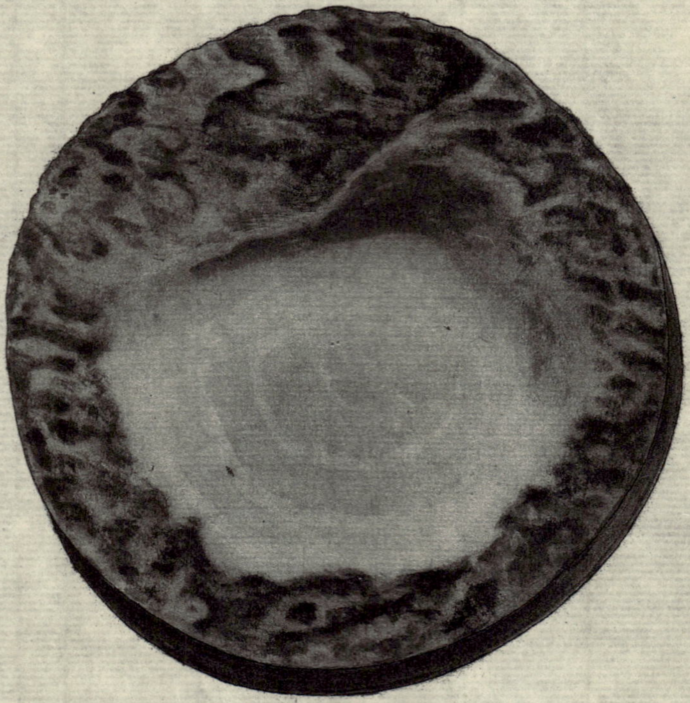

舊歙溪石函魚藻硯背面圖

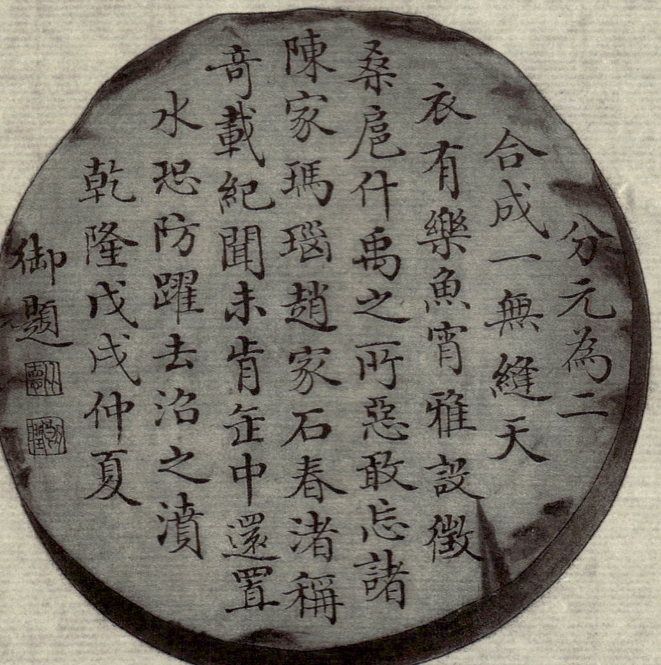
分元為二
合成一無縫天
衣有樂魚宵雅設徵
桑扈什禹之所惡敢忘諸
陳家瑪瑙趙家石春渚稱
奇載紀聞未肯全中還置
水恐防躍去沿之濆
乾隆戊戌仲夏
御題

舊歙溪石函魚藻硯說

硯圓徑三寸圍徑九寸厚六分剖歙溪石為之天然鬬笋無斧鑿痕受墨處畧加礲治墨池刻作魚形蓋嵌玉魚一與硯池形式相應徧刻水波藻荇左右俱有剝蝕函側合縫處圍鐫銘二十字古篆文有數字不能辨不著撰人姓氏硯背鐫

御題詩二首楷書鈐寶二曰比德曰朗潤匣蓋並鐫是詩隸書鈐寶同

舊歙石溪蒼玉硯背面圖

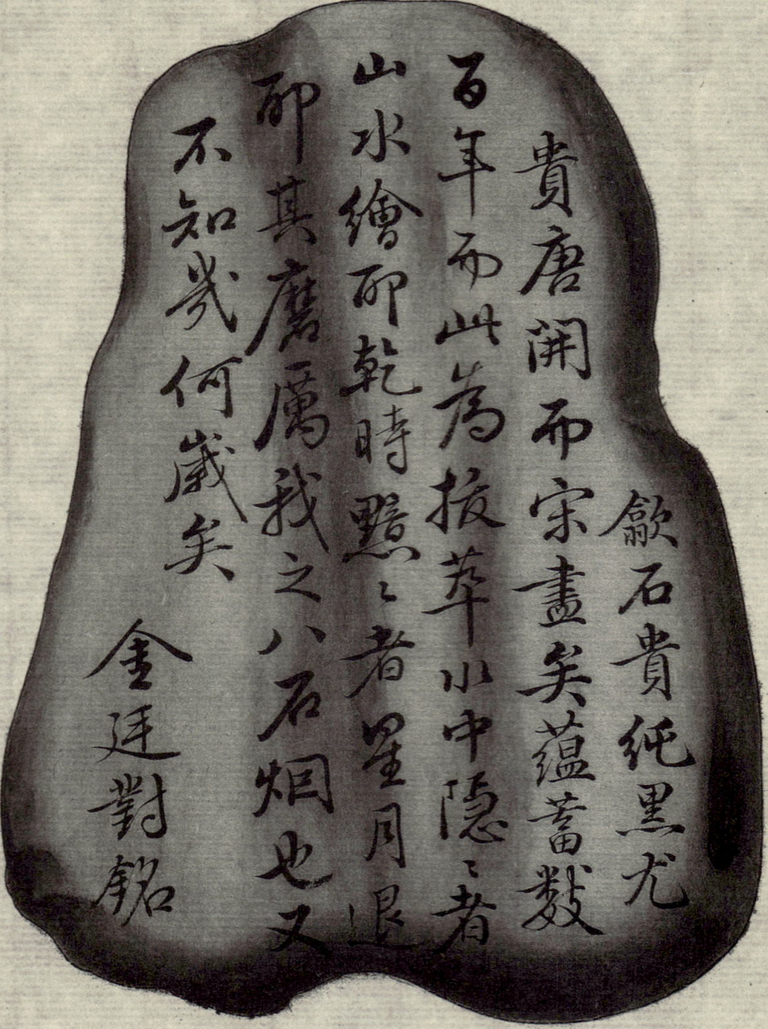
歙石貴純黑尤
貴唐開而宋畫矣蘊蓄數
百年而此爲拔萃水中隱隱者
山水繪耶乾時點點者星月退
耶其磨屬我之八石炯也又
不知幾何歲矣
金廷對銘

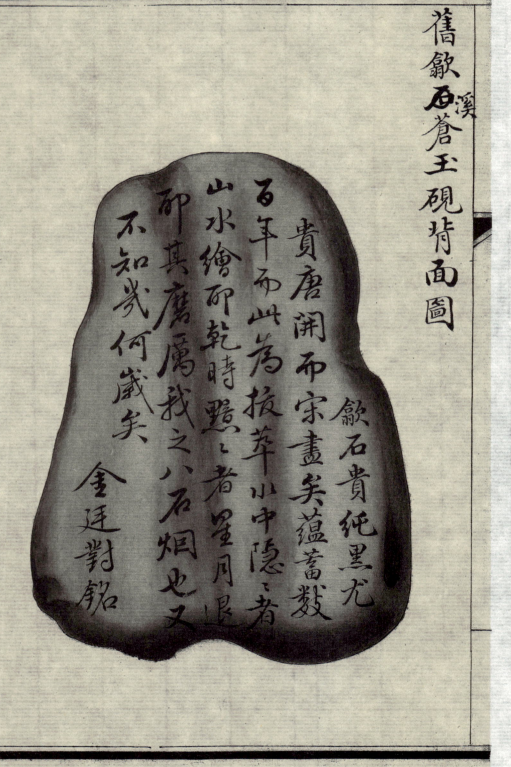

舊歙溪蒼玉硯説

硯高五寸七分寬四寸二分上削四之一厚六分舊坑歙谿石也隨硯材屈曲為之受墨處寬平直下與墨池通硯首鐫歙溪蒼玉四字左側鐫康熙壬午四字右側鐫石友二字俱行書硯背鐫銘五十七字下署金廷對銘四字款俱行書金廷對無考是硯質理密緻眉紋隱起如枯松化石雖製作未古而舊坑佳品亦正不易得也硯匣蓋鐫

舊洮石黃標硯背面圖

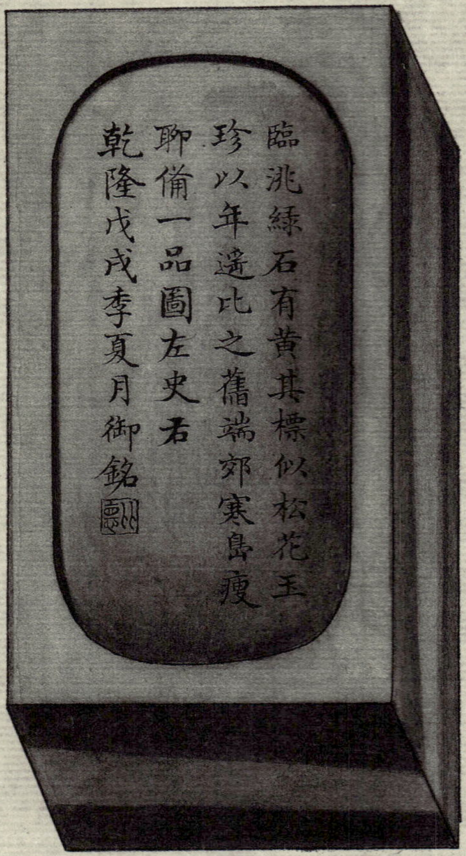

臨洮綠石有黃標似松花玉
珍以年遥比之舊端郊寒島瘦
聊備一品圖左史右
乾隆戊戌季夏月御銘

舊洮石黄標硯說

硯高三寸二分寛一寸七分許厚一寸臨洮石質極細膩面背俱黄色中層微緑頗類松花石硯面刻為佛手柑形近蔕處為墨池右上方綴小佛手柑一梗葉掩映左側鐫賛四十二字右側鐫識語六十字下有周愓二字欵俱楷書覆手橢圓中鐫

御題銘一首楷書鈐寶一曰比德匣蓋並鐫是銘隸書鈐寶一曰朗潤查惠周愓吴縣人

兮磨兮清心禪夢靄指拈予

舊蒦村石玉堂硯背面圖

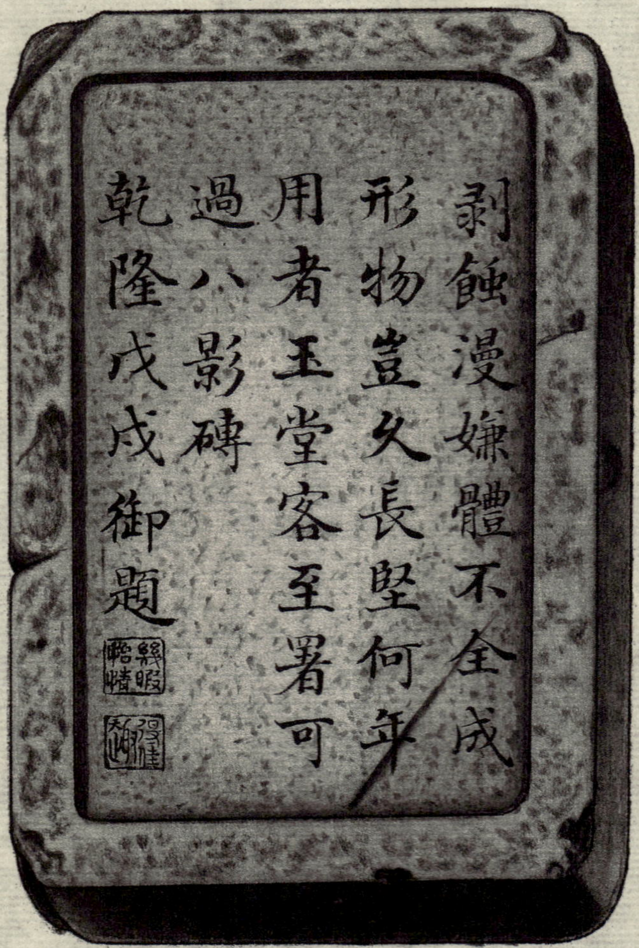

舊蒦村石蘭亭硯背面圖

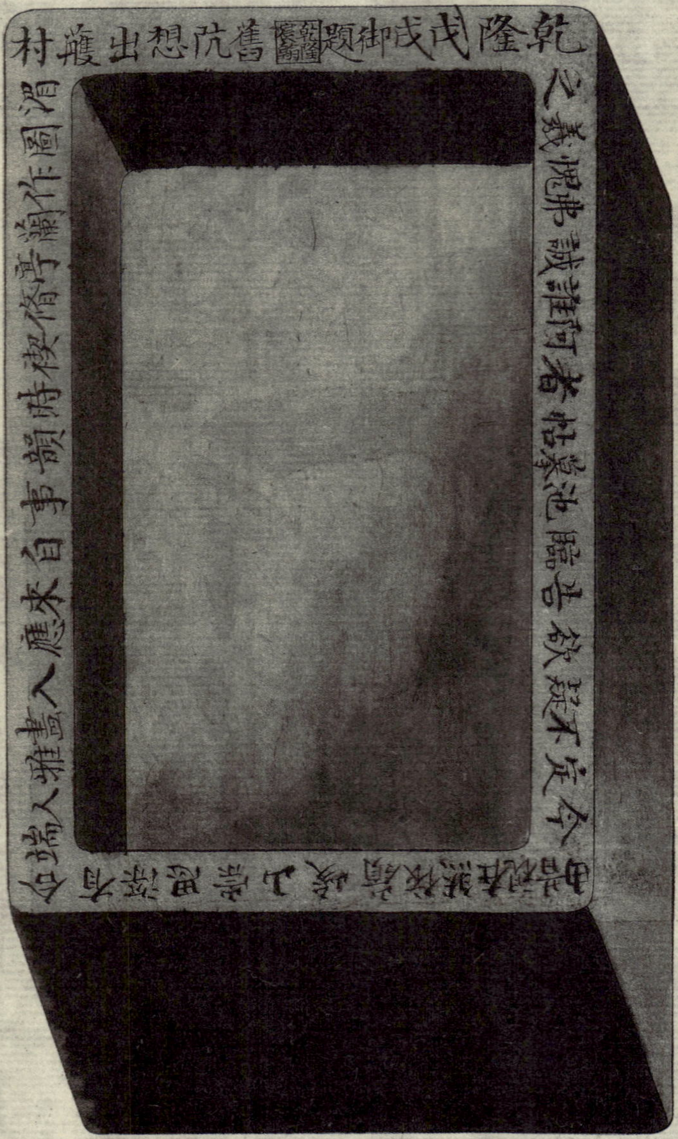

乾隆戊戌御題
乾隆宸翰
舊阮想出蒦村
之義愧弗識誰何者帖纂池臨告欲疑不定今
滑圖作蘭亭修禊時韻事自來應入雅畫人端石

秀水朱彝尊銘
六字不寫於此處
今已另添圖一頁
再移寫於下頁

朱彝尊井田硯背面圖

朱彝尊井田硯說

硯高四寸六分許寬二寸八分厚八分許端溪水坑石質理細潤受墨處微凹斜連墨池上下微露陽文井字四角俱有剥蝕覆手内界陰文井字中圓如井口環鐫銘九字篆書左側面鐫秀水朱彝尊銘六字行書下方側鐫

御題詩一首楷書鈐寶一曰古香匣蓋並鐫是詩隸書鈐寶一曰幾暇怡情查朱彝尊號竹垞秀水人

欽定西清硯譜

松花石河圖洛書硯

澄泥硃硯　懋勤殿

澄泥墨硯　懋勤殿

宋哥窑蟾蜍硯

舊烏玉硯

埒端歙自明以前無有取為硯材者故硯譜皆未

之載我

朝發祥東土扶輿磅礴之氣應候而顯故地不愛寶

以翊

文明之運自康熙年至今取為硯材以進

御者

内府所藏琳瑯滿目謹擇

列祖暨

松花石甘瓜石函硯蓋裏内面圖

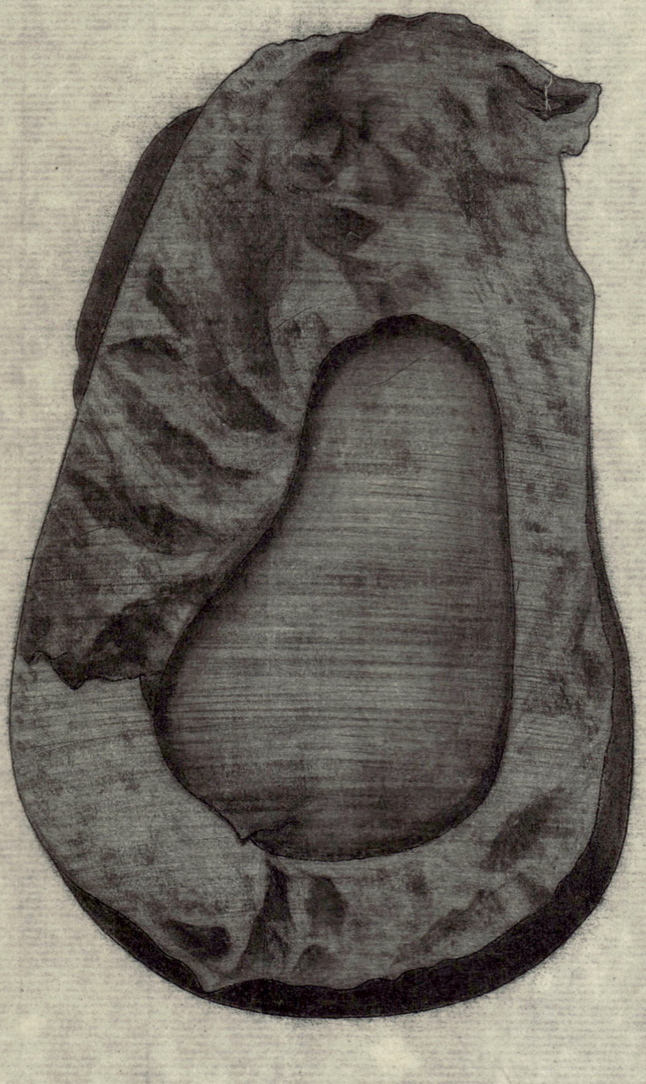

松花石甘瓜石函硯背面圖

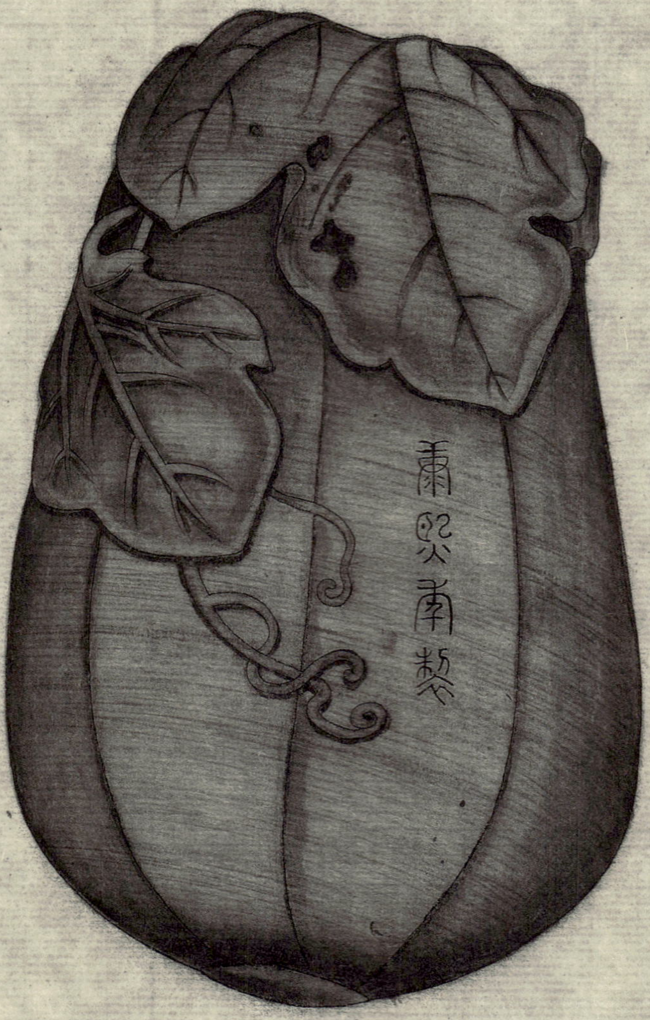

盛京通志稱松花石出混同江邊砥山緑色而光潤細膩品埒端歙堪為硯材云云考松花石前代譜硯者如米芾李之彦高似孫輩皆未著録至我
朝發祥東土地靈鍾秀佳石斯顯以協
文運蔚為藝林珍品歲貢充　六
内府陳設者不下數百枚謹擇其尤八方登於譜

松花石壺盧硯背面圖

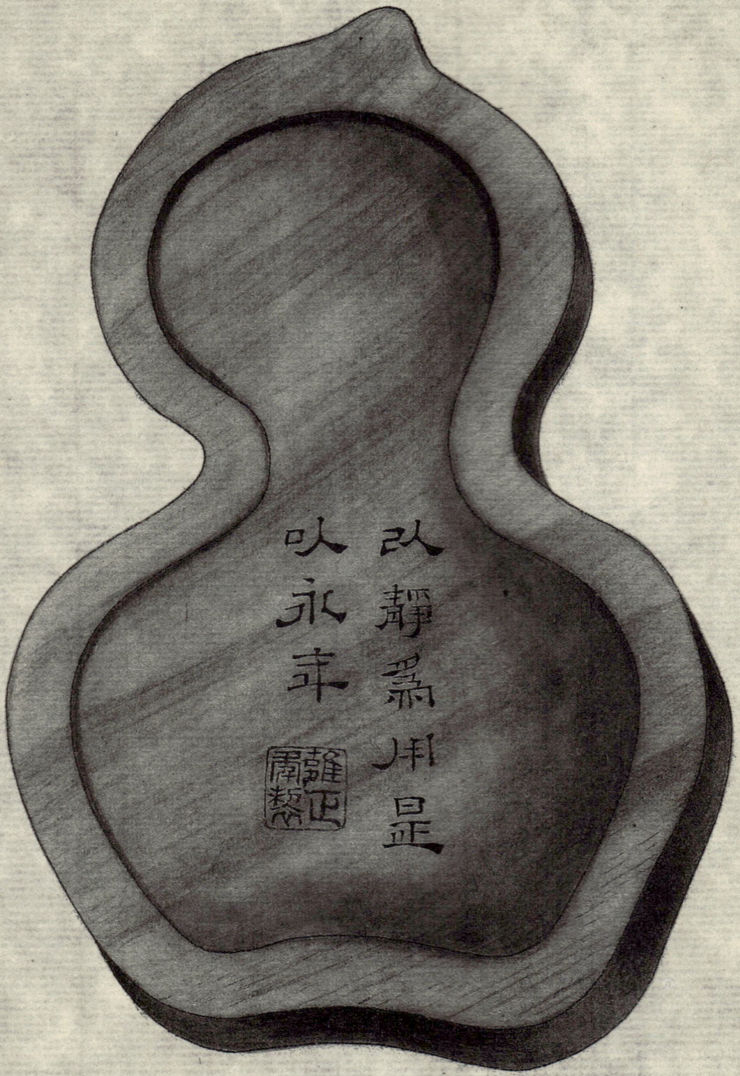

松花石翠雲硯背面圖

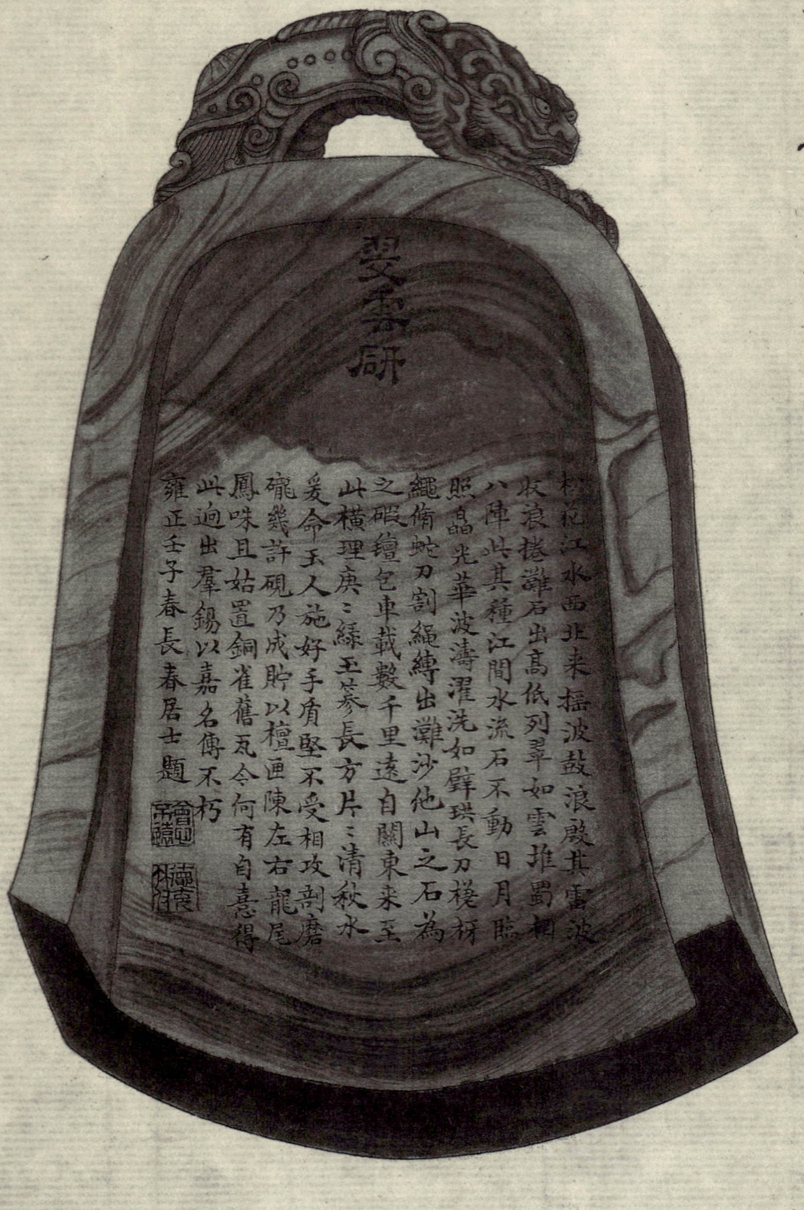
翠雲研
松花江水西北来搖波鼓浪殷其雷波
收浪捲灘石出高低列翠如雲推蜀桐
八陣屹其種江間水流石不動日月臨
照晶光華波濤濯洗如辟琪長刀樸斫
繩衡蛇刀割繩縛出灘沙他山之石為
之硯檀包車載數千里遠自關東来至
此橫理庚〻綠玉荟參長方片〻清秋水
爰命玉人施好手質堅不受相攻剖磨
礲幾許硯乃成貯以檀匣陳左右龍尾
鳳咮且姑置銅雀舊瓦今何有自憙得
此適出群錫以嘉名傳不朽
雍正壬子春長春居士題

德充符匣蓋並鐫翠雲研及是詩鈐寶二曰得佳
趣曰樂善堂

自熹得此迥出羣錫以嘉名傳不朽

松花石蟠螭硯蓋裏面圖

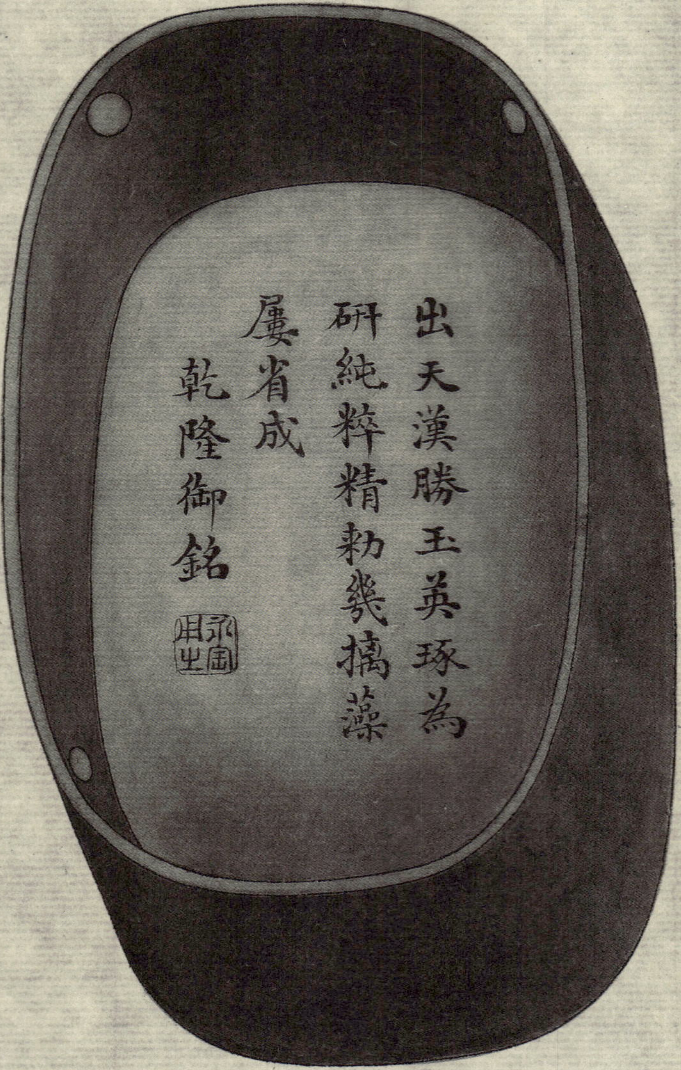

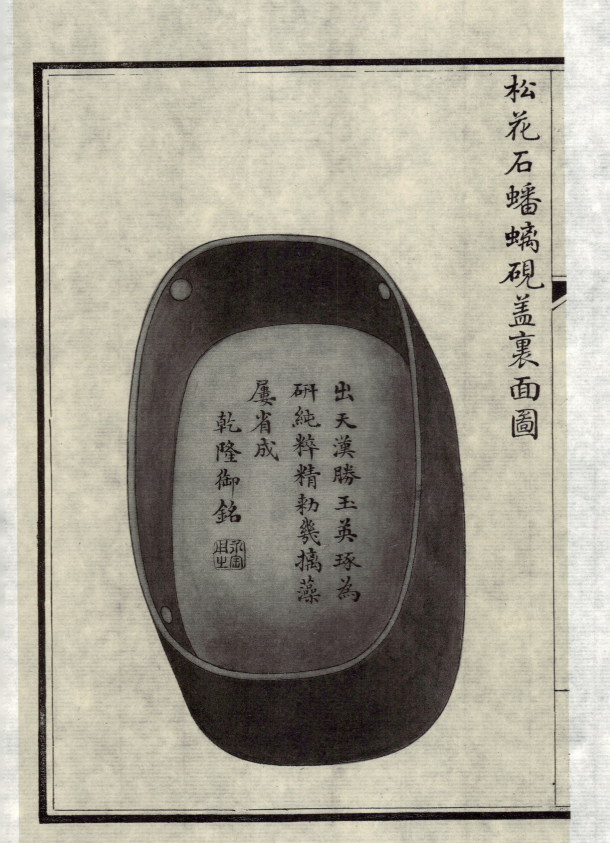

松花石蟠螭硯背面圖

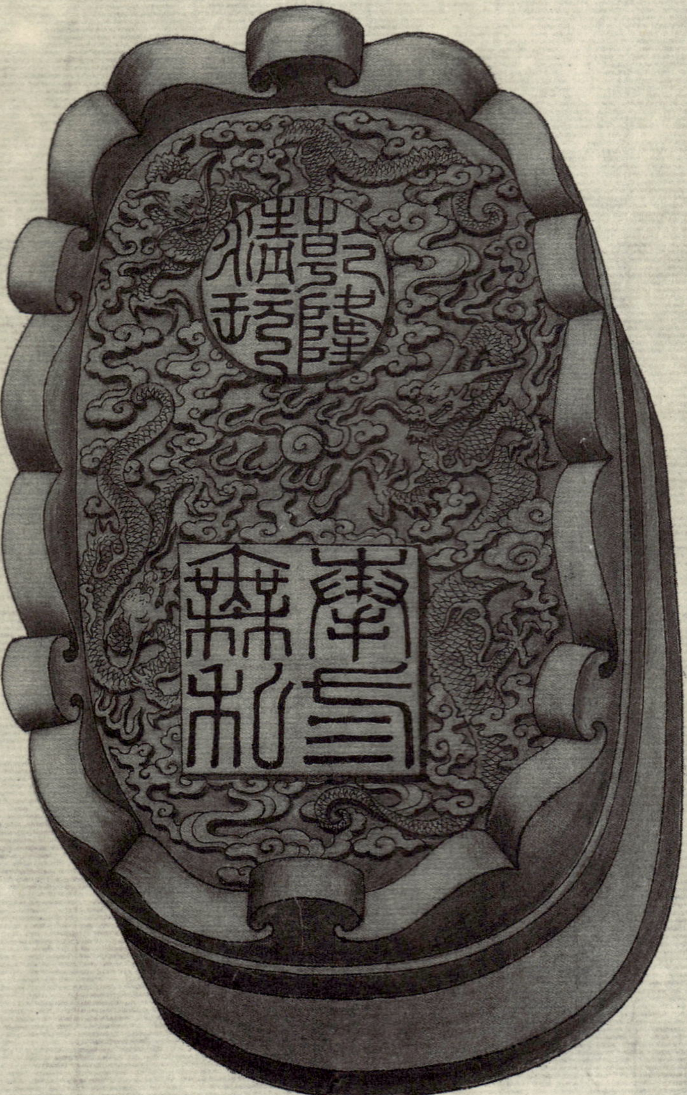

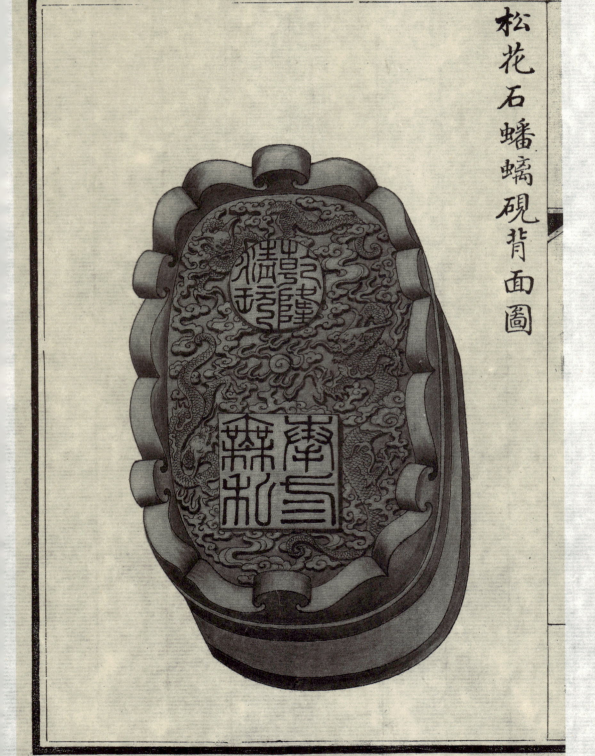

嗚唼食備極生動上方鐫

御題蘆洲白鷺畫幅詩一首行書鈐寶二曰惟精惟一

曰乾隆宸翰蓋内鐫

御題銘一首楷書鈐寶一曰永寶用之

松花石河圖洛書硯正面圖

松花石河圖洛書硯說

硯高五寸五分寬三寸六分連座厚五分松花石
為之四圍正黄色墨池旁刻雙螭昂首内向受墨
處嵌緑色石一片約長三寸四分寬二寸五分亦
松花石座四圍出硯三分許四隅有足離几分許
中為覆手鐫乾隆年製四字篆書匣盖澹碧色
地上刻雲山下湧波濤有龍馬洛龜象右方鐫龍
馬負圖洛龜獻書八字隸書後有玉質二字方印

澄泥硃硯背面圖

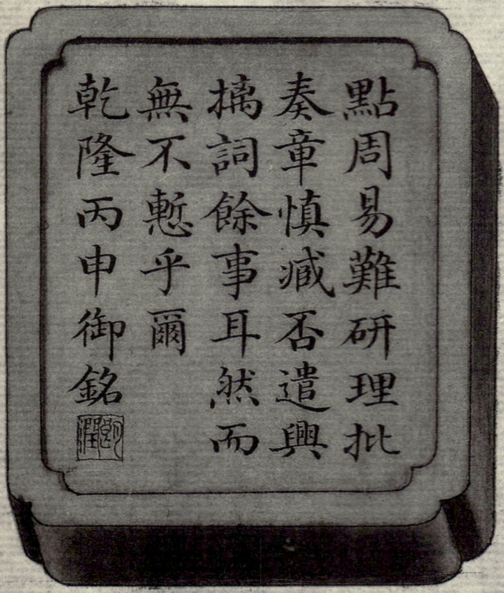
點周易難研理批
奏章慎臧否遣興
摛詞餘事耳然而
無不懃乎爾
乾隆丙申御銘

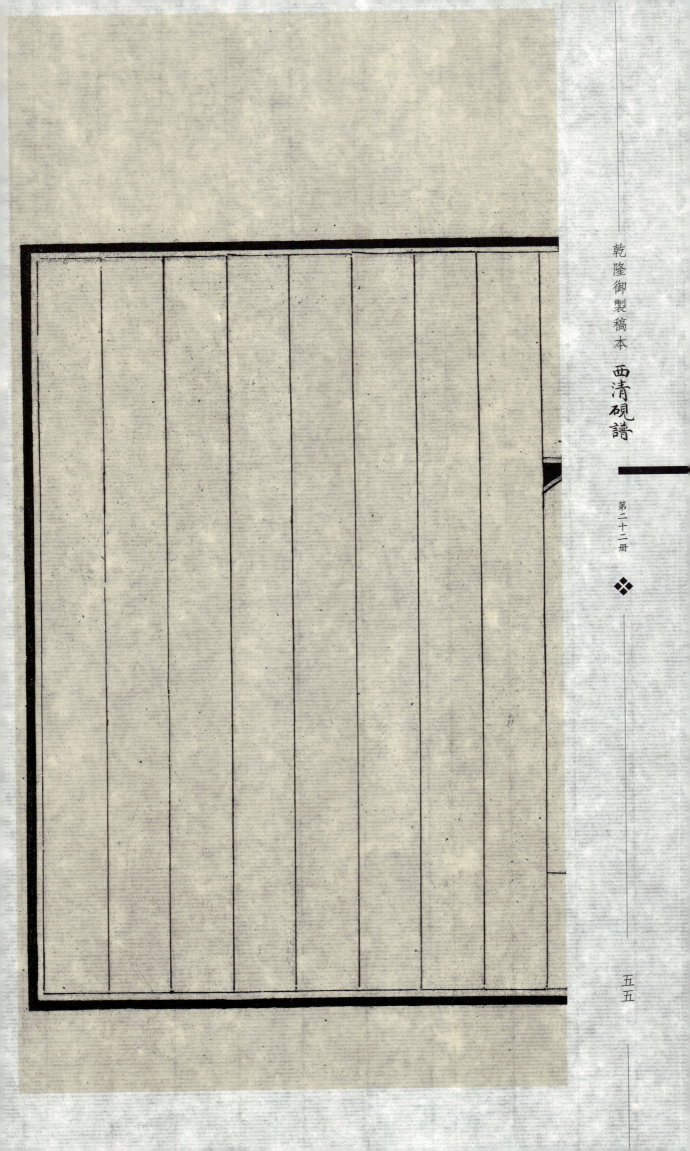

澄泥墨硯背面圖

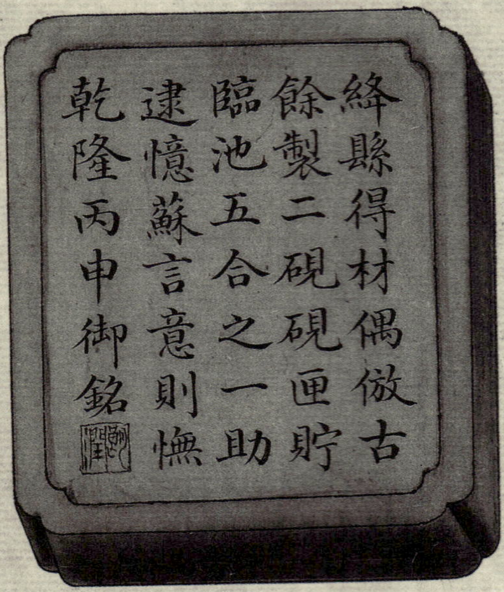

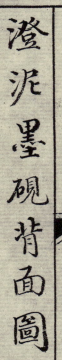

筆雨而霈墨華可為硯石慶榮遇云

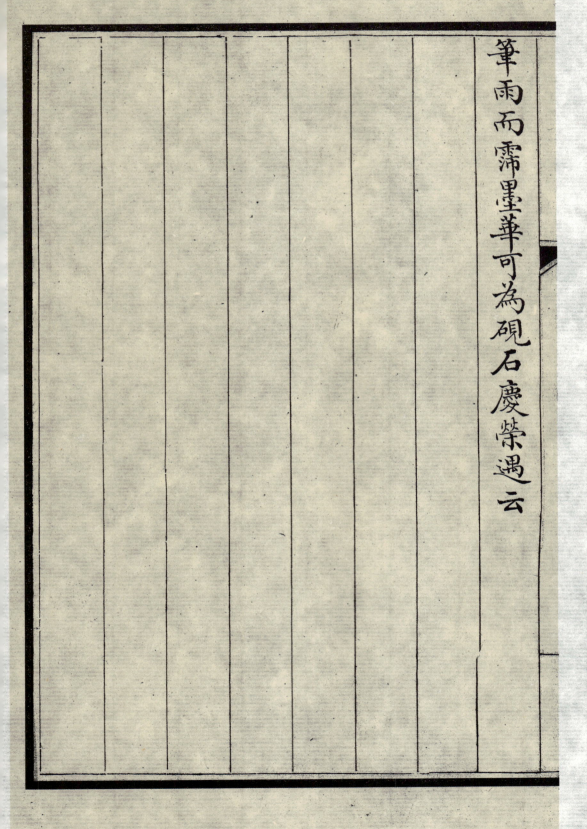

宋哥窰蟾蜍硯背面圖

大士甕硯一枚磨墨處無磁油殊著墨是硯似仿其意為之又考宋時有生一生二弟兄皆以窯器著而生一所製尤良當時號曰哥窯云

舊烏玉硯背面圖

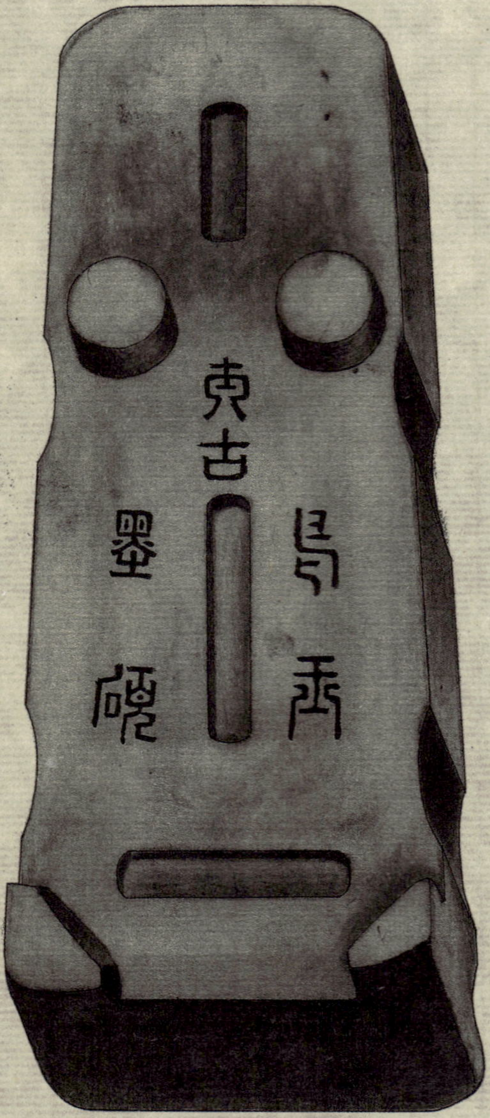

軫考玉硯僅見宋米芾硯史有自製蒼玉硯而烏
玉流傳尤鮮惟周禮有元璜禮北方之文潛確類
書亦載玉有五色元玉曰𩫖黑玉曰瑎其光可鏡
曰玖是硯色如純漆而寶光外瑩用之經冬不冰
雖發墨微遜端溪要為文房珍品堪備硯林别乘
匣盖鐫
御題詩與硯同隸書鈐寶二曰乾隆宸翰曰惟精惟一